CÉRÉMONIAL

DU

MARIAGE

MAISON DE LA GERBE D'OR

A. DEFIS

PARIS, 86, RUE RIVOLI

—

Droits réservés

CÉRÉMONIAL

DU MARIAGE

MAISON DE LA GERBE D'OR
A. DEFIS
PARIS, 86, RUE RIVOLI

—

Droits réservés

CÉRÉMONIAL

DU

MARIAGE

AVANT-PROPOS

Le cadre forcément restreint de cet opuscul ne nous permet pas de donner plus de développement à chacun des chapitres qui le composent.

Néanmoins, nous avons indiqué tous les moyens pratiques à employer, et fourni le plus de renseignements possibles, pour abréger les démarches nécessaires à l'accomplissement du mariage civil et du mariage religieux.

Nous avons insisté quand il s'est agi des toilettes féminines, car, plus que tout autre, le code de l'élégance et du bon ton est susceptible de modifications

1.

*qu'il est utile de connaître et indispensable d'appli-
quer quand l'occasion s'en présente, comme dans le
mariage.*

*Ce qui était du plus haut goût, il y a quelques
années, est absolument démodé aujourd'hui; c'est
ce qui justifie notre insoumission à certaines règles
surannées du code de l'étiquette.*

PRÉSENTATION
DEMANDE EN MARIAGE

L'IMPRÉVU, bien qu'il ne soit pas classé parmi les Divinités d'aucune théogonie, n'en est pas moins un dieu; car c'est lui qui, la plupart du temps, préside à toutes les destinées, et, notamment, en ce qui concerne l'accomplissement de la plus belle des institutions humaines : le Mariage.

Combien d'unions ne doivent leur contractation qu'à l'Imprévu !

Nous allons examiner rapidement, s'il est possible, les formalités à remplir pour l'accomplissement de cet acte important de la vie.

Un jeune homme, épris des grâces d'une jeune fille, dont l'esprit distingué et l'éducation parfaite ne laissent rien à désirer, cherche d'abord à lui plaire et, connaissant le nom de sa famille, charge un de ses amis, le plus discret, de la mission délicate de faire une visite aux parents de la jeune fille, et d'en exposer les motifs. Autant que possible, l'entrevue doit avoir lieu sur un terrain neutre, dans la maison d'un ami.

Si la demande est agréée, le négociateur prévient les parents de la jeune personne qu'une demande d'un caractère officiel leur sera faite à court délai. C'est alors qu'intervient la famille du jeune homme, le père et la mère, ou, à leur défaut, le plus proche parent. La demoiselle n'assiste pas à cette entrevue; la bienséance ne l'admet que lorsque les choses sont définitivement réglées et que l'acquiescement de part et d'autre est formel.

Une invitation à dîner réunit les deux familles, c'est ce qu'on nomme généralement le repas des Fiançailles.

FIANÇAILLES

LA réunion des Fiançailles est intime ; il se faut bien garder d'y admettre des étrangers, à quelque titre que ce soit. Les plus proches parents et les personnes qui ont été choisies pour être les témoins des époux doivent seuls assister à ces préliminaires.

Le futur, dès son arrivée, et immédiatement après les présentations d'usage, offre un bouquet blanc à la jeune fille ; ce bouquet est d'ordinaire accompagné d'une bague, qu'il place lui-même à l'annulaire de la main gauche de celle qui va devenir sa fiancée.

La forme et le genre de cette bague varient suivant la position et les goûts; elle est généralement choisie dans les modèles que nous reproduisons plus loin.

La bague, une seule perle fine, aussi grosse et aussi belle que possible, peut être choisie, lorsqu'elle ne doit pas empêcher l'offre d'une autre bague assortie aux bijoux devant compléter la corbeille.

La bague perle et brillants est cependant préférable, parce qu'elle semble allier la perle, qui est la parure de la jeune fille, au brillant, qui est celle de la jeune femme.

Il est d'usage que la fiancée, après avoir reçu son cadeau, offre à son futur époux un petit souvenir, soit une chevalière plus ou moins riche, suivant la fortune; soit une épingle, ou une garniture de boutons en perles fines pour chemise.

La consécration des fiançailles est effectuée à partir de cette première réunion.

La famille de la fiancée est tenue de supprimer ses jours de réception, et elle-même ne doit plus aller dans le monde (c'est une sorte de retraite avant la prise du voile nuptial).

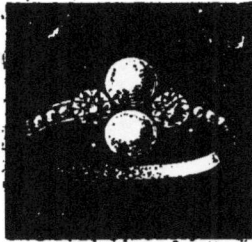

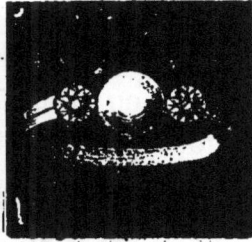

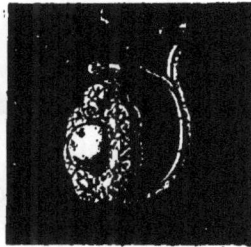

Le fiancé a le droit de se présenter dans la famille de sa future; cependant, il doit en user avec une grande discrétion, d'autant que cette situation peut durer trois semaines au moins, et quelquefois davantage.

Le jeune homme n'est pas tenu d'offrir un bouquet blanc à chaque visite qu'il fait, cependant, les jours où il dîne en compagnie de sa fiancée et de ses parents, ce qui peut avoir lieu deux ou trois fois par semaine, il est de bon goût qu'il envoie des fleurs. Il est gracieux de la part de la jeune fille de détacher deux fleurs du bouquet qu'elle a accepté pour en offrir une à son fiancé et placer l'autre à son corsage.

Si les jeunes gens habitent la même ville, pour mieux établir leurs relations, il serait bon que la famille du jeune homme invitât, de temps à autre, les parents de la jeune fille, à laquelle ils doivent tous les témoignages d'affection et profiter de sa présence pour lui offrir quelques objets qui serviraient à orner la corbeille.

LES TÉMOINS

GARÇONS ET DEMOISELLES D'HONNEUR

Aux termes de la loi, quatre témoins sont indispensables : deux pour la jeune fille et deux pour le fiancé. Ils sont pris généralement parmi ceux qui sont liés à la famille, ou simplement connus d'elle. Il est des situations qui obligent de sacrifier les parents à des personnalités que l'intérêt impose. On doit toujours offrir le rôle de témoin à un chef de grande administration, à une célébrité dans la science ou les arts. Cet acte de déférence ne peut qu'être approuvé par

2

les parents d'abord et par les amis les plus dévoués. C'est toujours un honneur pour les futurs époux qu'un dignitaire quelconque ait consenti à signer l'acte de leur mariage.

Les témoins, comme don de joyeux avènement, font toujours un cadeau aux jeunes époux. Il est inutile de fixer la valeur de ce présent, qui varie suivant la position des jeunes mariés et notamment du plus ou moins d'aisance des donateurs.

Assez souvent on donne au jeune ménage des objets étrangers à leur toilette, comme une pièce d'argenterie, un objet d'art, etc., pouvant servir à l'ornementation de l'intérieur du jeune couple.

Quant au rôle du garçon et de la demoiselle d'honneur, il est moins simple que celui qui incombe aux témoins. Les attributions du garçon d'honneur sont multiples; il est en quelque sorte l'organisateur de tout ce qui précède et suit la cérémonie. Il veille à tout et, au milieu de ses nombreuses occupations, doit toujours être aimable avec tout le monde et se montrer empressé auprès de la demoiselle d'honneur, dont les fonctions sont fort restreintes ; c'est elle qui le plus souvent offre à l'épousée sa parure de fleurs d'oranger.

Le garçon et la demoiselle d'honneur sont généralement choisis dans les deux familles, le frère du marié et la sœur de la mariée, et, à leur défaut, un cousin et une cousine ou deux amis intimes.

A l'église, la demoiselle d'honneur se tient derrière la mariée et le garçon d'honneur derrière le marié.

Au moment de la quête, ils évoluent à travers l'assistance, la jeune fille donnant le bras au jeune homme.

Ils sont voisins à table et dansent ensemble le premier quadrille.

Quelques jours avant la cérémonie, le garçon d'honneur doit offrir à sa demoiselle non plus une boîte de gants, mais un bijou, soit bague, bracelet ou broche, suivant les indications qu'il lui sera facile d'obtenir par une amie de la jeune fille.

Le jour du mariage, le garçon d'honneur devra aller chercher, en voiture, la demoiselle

et ses parents; c'est à ce moment qu'il lui offre
son bouquet. Celui-ci, que la mode autrefois
voulait énorme, doit être, au contraire, mainte-
nant fort petit et entouré non pas d'un papier
découpé mais d'une jolie dentelle. Cette mode
est beaucoup moins embarrassante et surtout
beaucoup plus gracieuse. Aujourd'hui, il est
d'usage aussi que la bourse de la quêteuse soit
assortie à sa toilette.

INVITATIONS

VISITES, LETTRES DE FAIRE PART
ACCEPTATION OU REFUS

1765.

On ne saurait déterminer d'une façon précise les règles à suivre en ce qui concerne les invitations à dîner et les réceptions que nécessitent les préliminaires d'un mariage.

Les invitations entre les deux familles se font généralement verbalement; il en est de même de celles que l'on fait aux témoins et aux proches parents. On peut, à la rigueur, leur adresser quelques lignes aimables, ce qui tient lieu de lettre d'invitation. Les invités ne sau-

2.

raient décliner ce témoignage d'estime qu'en faisant une visite pour expliquer l'impossibilité d'assister à la cérémonie ou en adressant une lettre contenant avec leurs excuses, leurs félicitations et tous leurs vœux pour le bonheur du futur ménage.

Le mariage doit être annoncé verbalement aux personnes à qui l'on doit quelque déférence, par le père et la mère des deux fiancés.

Il est inutile de dire que la jeune fille et son futur demeurent étrangers à ces visites.

Les personnes, qui ont reçu la visite des parents, sont tenues, à leur tour, à une visite de félicitations. Elles devront profiter des jours de réception, afin de ne point arriver au milieu des occupations de toutes sortes dont la famille est absorbée.

Les lettres de faire part et d'invitation sont adressées dix jours environ avant la célébration du mariage et sont faites généralement pour la cérémonie religieuse.

Elles sont envoyées collectivement par les deux familles.

L'invitation au diner ou à la soirée, faite verbalement, n'empêchera pas de joindre à la lettre de faire part une carte d'invitation, indiquant l'heure et l'endroit de réunion.

CORBEILLE
ET
TROUSSEAU

VOILÀ un chapitre dont chaque para-
graphe est assujetti au caprice, subor-
donné à la fantaisie et où les lois rigoureuses du
Code de l'élégance et du bon goût sont fort souvent transgressées.

La corbeille, ou plutôt le coffre luxueux garni
d'objets de grande valeur que le futur offrait à
sa fiancée, a fait son temps.

Elle est remplacée aujourd'hui par des bijoux
auxquels on joint de ces riens précieux, tels
que flacons, carnets de visite, éventails, etc.

Autrefois la corbeille de mariage était garnie

de pièces de dentelles, de velours, de fourrures
ou de satin, aujourd'hui on se borne à l'envoi
d'un meuble ancien et artistique, d'un style
élégant, dans les tiroirs duquel seront disposés
les écrins, les menus objets et notamment une
bourse contenant une somme qui permette à la
jeune femme de faire les dépenses qu'elle juge
à propos, telles que celles de la modiste, de la
couturière, etc., sans avoir besoin de recourir,
dans les premiers temps, aux générosités de son
mari.

C'est la veille du contrat que le fiancé doit
envoyer ses présents « dits Corbeille de mariage ».

Autrefois, on employait à cela une somme
représentant cinq pour cent de la dot; aujour-
d'hui, cette dépense s'élève jusqu'à dix pour cent.

Les bijoux occupant la première place, nous
donnons plus loin la composition de deux parures.

En plus de la bague de fiançailles, la mode
limite aujourd'hui à une paire de boucles d'o-
reilles, une broche, un bracelet, la parure com-
plète d'une fiancée.

Nous laissons sous-entendu la montre, le breloquet qui est remplacé par une petite chaîne courte, garnie de perles fines, puis l'alliance et la pièce de mariage. Les boucles d'oreilles, assorties généralement à la bague, seront donc soit des brillants solitaires, soit des perles, brillants, saphirs, rubis ou émeraudes, entourés de brillants, genre parfaitement à la mode et que les deux dessins ci-contre feront facilement reconnaître.

La broche, aujourd'hui ronde, assortie aux boucles d'oreilles, ou formant bouquet, et dont les dessins varient suivant les goûts et les prix, est souvent à deux fins et se démonte pour former épingle de cheveux ou applique de bracelet.

Le bracelet, dont le genre et les formes changent à l'infini, se fait souple ou ferme ; dans le premier cas, il est formé d'anneaux, maillons ou fils tressés et porte peu de pierres ; dans le second, il est généralement enrichi de perles, roses, brillants et pierres fines de couleur.

Souvent aussi une applique en relief sert de broche, étant démontée.

Pour les objets à graver, ceux qui sont personnels à la fiancée, doivent porter les initiales de son prénom et du nom de famille de son futur. Les objets personnels au mari porteront la première lettre de son prénom et celle de son nom de famille.

Les objets seuls, servant au ménage, tels que couverts, orfèvrerie de table, linge de maison, seront marqués de l'initiale des deux noms de famille.

Le fiancé devra joindre à la corbeille, des présents destinés à chacun des frères et sœurs non mariés de sa future.

Le trousseau est donné par les parents de la jeune fille, et se compose du linge de corps de la mariée, du linge de maison et des peignoirs, ainsi que de l'intérieur du lit, matelas, édredon, couvertures, etc. Sa valeur est généralement prise sur le chiffre de la dot. Le jeune homme donne les meubles, tentures, tapisseries et se charge de l'agencement de l'appartement. Il devra un cadeau à la personne qui a fait le mariage ou chez laquelle ont eu lieu les entrevues.

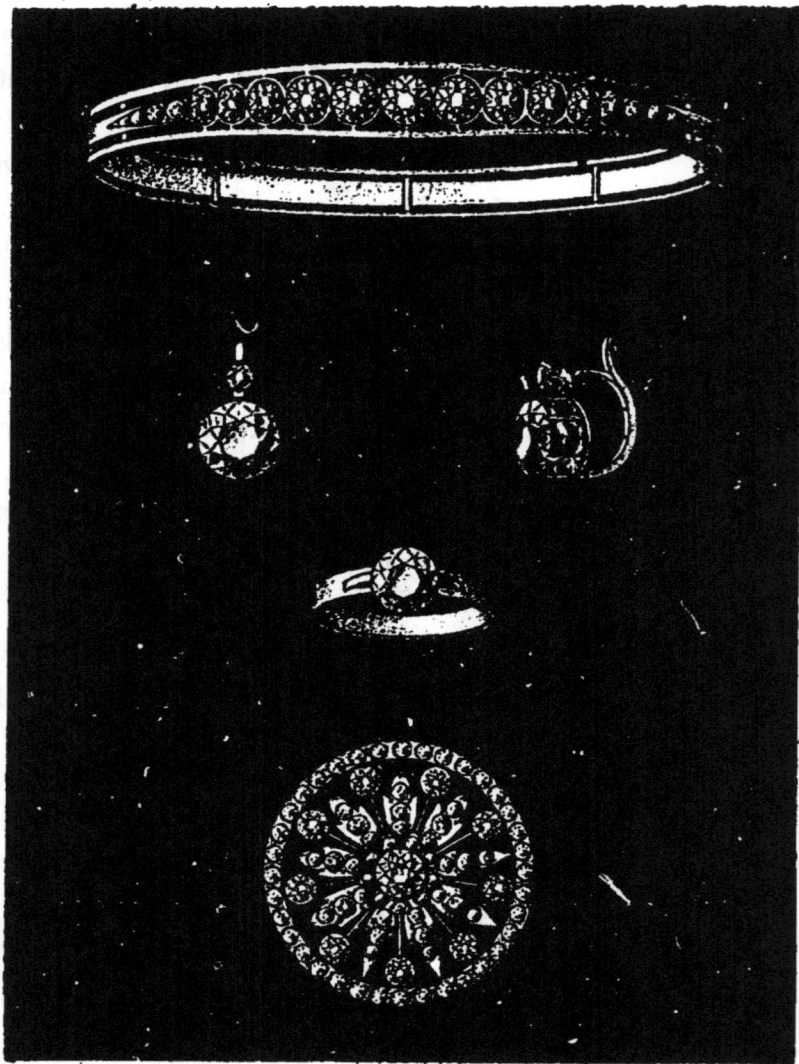

Il est d'usage aussi que la mariée offre un souvenir à ses amies intimes, à ses demoiselles d'honneur, ainsi qu'à ses professeurs et à sa femme de chambre.

Les toilettes portées par la jeune fille pour la signature du contrat, pour le mariage à la mairie et pour la solennité à l'église, font partie du trousseau et par conséquent demeurent à la charge de la famille de l'épousée.

Le trousseau, en dehors de ce que nous avons mentionné plus haut, implique une dépense énorme qui ne peut être supportée que par des personnes riches.

La nomenclature du trousseau dans ces conditions est assez compliquée. La jeune fille et sa mère pourvoient à sa composition, en province surtout; mais à Paris, où des maisons spéciales peuvent fournir en vingt-quatre heures le plus joli trousseau désirable, on néglige sa confection, à part quelques objets que la mère et la demoiselle sont très fières d'avoir établis ensemble et selon leur goût.

L'exhibition du trousseau et de la corbeille

se fait presque toujours, surtout ceux qui sont susceptibles d'être admirés et complimentés par les amies de la future mariée.

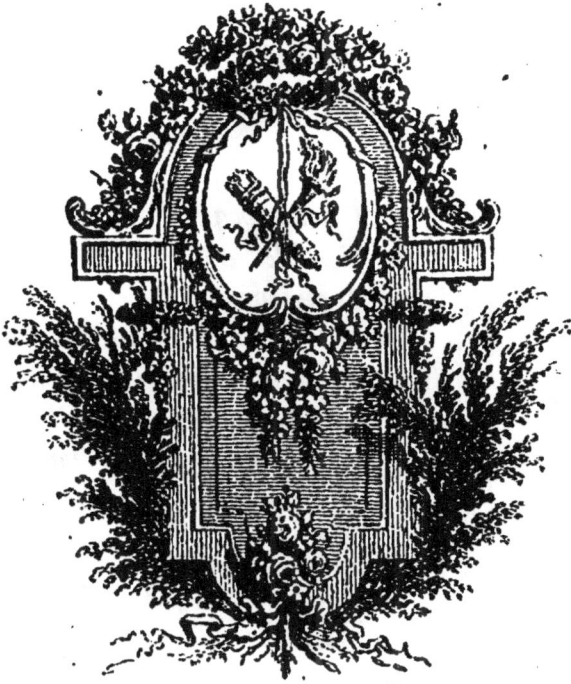

FORMALITÉS LÉGALES

PIÈCES NÉCESSAIRES
AU MARIAGE CIVIL

LES formalités que nous allons énumérer s'adressent à tout le monde; aux personnes qui sont privilégiées par la fortune aussi bien qu'à celles que cette aveugle divinité n'a point encore favorisées.

1º Actes de naissance des deux futurs époux (ces actes doivent être légalisés);

2º Certificats d'identité ou plus simplement de domicile du propriétaire ou de son tenant lieu; ces certificats doivent être soumis au visa du commissaire de police du quartier que l'on habite;

3° Livret ou pièce mentionnant la situation du futur époux au point de vue militaire;

4° Les pères et mères doivent fournir un certificat notarié s'ils ne peuvent pas assister au mariage;

5° Si les pères et mères sont morts, fournir leurs actes de décès, et les consentements des aïeux s'ils existent. Aucun autre degré de parenté n'implique la nécessité d'un consentement pour les personnes majeures;

6° Deux ou trois jours avant le mariage, remettre à la mairie où il doit avoir lieu les certificats constatant que les publications des bans ont eu lieu dans tous les endroits où elles étaient nécessaires (*Publications des bans*).

Le cas de minorité nécessite la présence du tuteur ou son consentement par acte notarié.

S'il s'agit d'un orphelin de père et que la mère et l'aïeule soient tutrices, une délibération du conseil de famille devient indispensable.

Un majeur peut contracter mariage sans le consentement de ses père et mère, mais il est tenu de leur faire des actes respectueux. Ceux-ci, au nombre de trois, sont envoyés aux parents dans un laps de temps fixé par la loi ; le Code civil, articles 148, 151, 152, 153, 154, fournit à cet égard tous les renseignements désirables.

En aucun cas, le mineur ne peut contracter mariage sans l'assentiment de ses parents ou de ses tuteurs.

La limite d'âge prescrite par nos lois est quinze ans révolus pour la femme et dix-huit ans pour l'homme : voir les articles 144, 145 du Code civil.

Pour les mariages entre ascendants légitimes ou naturels et les alliés dans la même ligne, consulter les articles 161, 162, 163 du même code.

MARIAGES A L'ÉTRANGER

Toute étrangère qui épouse un Français perd sa nationalité, elle devient Française et est soumise aux lois qui nous régissent ; de même la Française épousant un étranger cesse d'être Française et se soumet aux lois du pays auquel appartient son mari.

L'article 170 du Code civil considère comme

valable le mariage contracté à l'étranger entre Français ou entre Français et étanger, s'il a été effectué dans les formes en usage dans le pays, et s'il ait été précédé des publications prescrites par ledit article 170.

Dans le cas ou les personnes mariées à l'étranger reviendraient en France, elles sont tenues dans les trois mois qui suivent leur retour, de régulariser leur position, c'est-à-dire de faire transcrire sur les registres de l'État Civil de la localité qu'elles habitent, l'acte de mariage contracté à l'étranger (article 171). Cette inscription est faite, si on le désire, par les soins de l'Ambassade ou du Consulat de l'endroit ou le mariage a eu lieu.

Les pièces à fournir à l'étranger ne sont pas les mêmes qu'en France, la Russie et la Belgique exceptées.

En Angleterre, en Suisse, en Italie et aux États-Unis, le consentement des pères et mères n'est pas exigible. Les pièces nécessaires sont d'abord : l'acte de naissance légalisé par l'Ambassade ou le Consulat auquel il doit être joint un certificat dit de coutume ou d'état libre, c'est-à-dire une pièce constatant que le futur n'est pas lié antérieurement par le mariage.

En France, lorsqu'il s'agit d'étranger s'alliant à une personne de notre nationalité, l'officier de l'État Civil n'exige que les pièces prescrites par les lois du pays où ils sont nés.

Le cadre forcément restreint des renseignements que nous donnons ici, nous oblige à écourter ce chapitre dans lequel les cas analogues à ceux indiqués ci-dessus sont très nombreux et exigeraient des développements que ne comporte pas cet opuscule ; nous avons indiqué le principe, c'est aux intéressés à consulter le Code civil.

MARIAGES ENTRE VEUFS

Les contractants produisent comme les célibataires : actes de naissance, etc., auxquels ils sont tenus de joindre l'acte de décès de l'époux et de l'épouse défunts, ce qui les dispense du consentement des pères et mères et des actes respectueux en cas de désaccord avec leur famille.

Un veuf qui épouse une jeune fille est assujetti
aux mêmes exigences mondaines que le célibataire ; il doit, selon l'usage, envoyer cadeaux et
bouquets et pourvoir comme lui à la corbeille.

C'est lui qui, après avoir fait la demande aux
parents, annonce son mariage et envoie les lettres
de faire part.

Il en est absolument de même quand une veuve
épouse un célibataire, celui-ci ne suit pas absolument les règles de l'étiquette, il donne à sa
future ce qui peut lui convenir en bijoux, dentelle, menus objets de fantaisie, sans prétendre
vouloir composer une corbeille.

Les réceptions, les dîners, les petites fêtes
ont lieu après le mariage, à la volonté des nouveaux époux. Sitôt cette cérémonie accomplie
une veuve remariée peut ouvrir son salon à ses
amis et connaissances sans manquer à l'étiquette.

Pour la célébration du mariage à l'église, une
veuve, si elle est encore jeune, portera une toilette élégante, de nuance claire, si cela convient
à son genre de beauté, et garnie de dentelles
blanches.

Si la veuve est d'un certain âge, sa toilette,

également élégante, sera de couleur foncée ;
elle pourra être garnie au gré de la personne,
de vieilles dentelles de teinte bise ou noire,
mais sans profusion.

En ce qui concerne la toilette du marié veuf,
rien n'est modifié, costume de soirée, habit,
pantalon et gilet noirs, cravate blanche.

Au mariage d'une jeune fille et d'un veuf, il
y a garçon et demoiselle d'honneur, mais il n'y
en a pas à celui d'une veuve et d'un célibataire.
Une jeune fille et un jeune homme quêtent à
l'église, mais ils n'ont aucune autre fonction.

PUBLICATION
DES BANS

Nous avons indiqué, dans un chapitre précédent, les formalités à remplir pour obtenir les pièces indispensables à la célébration du mariage. L'omission d'une de ces pièces, quelle qu'elle soit, est un empêchement qui peut faire ajourner la cérémonie.

Les publications durent onze jours, elles commencent le dimanche qui suit le jour du dépôt des pièces; aux mairies de Paris, il est nécessaire de faire les déclarations le jeudi si l'on veut être affiché le dimanche suivant; passé ce jour, elles ne sont valables que pour la semaine d'après,

Le mariage ne peut avoir lieu que trois jours après le second dimanche des publications qui sont faites dans la commune habitée par le futur époux, et aussi dans celle où demeure la future épouse ; à Paris, dans l'arrondissement où réside chacun des époux.

Les publications doivent être également faites au domicile des ascendants ou tuteurs qui ont droit d'empêcher le mariage en refusant leur consentement. Cette déclaration est faite par les parents, par les tuteurs, par les contractants eux-mêmes, s'ils sont orphelins ou majeurs ; elle est accompagnée des pièces précédemment énumérées et doit être écrite sur papier timbré.

Si l'article 165 du Code civil prescrit, d'une façon formelle, la publication préalable de tout mariage, c'est afin que cet acte, le plus important de la vie, ne soit pas exposé à des irrégularités, à des abus, qui entacheraient le principe fondamental des sociétés.

CONTRAT

DE MARIAGE

La signature du contrat a lieu soit au domicile des parents de la jeune fille, soit chez le notaire de ces derniers quelques jours avant la cérémonie.

Pour éviter toute discussion pénible et aplanir, autant que possible, les difficultés qui, au dernier moment, pourraient survenir, un projet du contrat de mariage est remis au prétendu, qui a le loisir de l'examiner et d'y apporter les modifications qu'il juge nécessaires, de sorte que, le

4.

jour de la signature nulle discussion n'est à craindre et sa lecture n'amène aucune surprise.

Il est d'usage de faire assister à la signature du contrat les membres des deux familles et les intimes. A cet effet, on réunit, dans un dîner, les personnes que l'on désire admettre et, le repas fini, après avoir pris le café, on signe le contrat.

Dans le cas où la réunion serait nombreuse et que les personnes conviées plusieurs jours à l'avance, soit verbalement, soit par cartes ou lettres, acceptent l'invitation qui leur est adressée, elles devront être en toilette de soirée : les hommes en habit noir et cravate blanche, les dames en robe de bal. Pour une soirée plus restreinte ou un dîner simplement, les toilettes demi-montantes sont suffisantes ; la tenue des hommes ne varie pas, habit noir et cravate blanche.

Devant une table disposée à cet effet et recouverte d'un tapis, le notaire prend place, ayant de chaque côté les deux fiancés, les autres assistants se rangent autour et doivent écouter dans le plus grand recueillement la lecture de cet acte important, toutefois il est de bon ton que les jeunes gens aient l'air de n'apporter aucune attention aux clauses et disposition du contrat.

Dans le cas où le notaire du jeune homme serait invité, il ne fait qu'acte de présence, toute initiative revenant de droit au notaire de la fiancée.

Le notaire ne se lève que pour présenter la plume au futur qui signe et la passe à la jeune fille qui, après avoir également signé, l'offre à son futur beau-père, et ainsi de suite, par degré de parenté; cependant, il est d'usage que les quatre témoins signent immédiatement après les pères et mères.

Si la soirée est brillante et les invités nombreux, la fiancée se parera d'une robe de bal d'un rose pâle ou d'un bleu tendre, le blanc est également admis, mais il doit être rehaussé d'une fleur de couleur ou de quelques rubans.

Si la mère de la fiancée est encore jeune, elle peut se parer, pour la circonstance, d'une toilette d'un certain luxe, mais sévère, sans choses voyantes.

Dans le cas où la réunion ne serait composée

que de proches parents et de quelques amis, ce qui lui donnerait un caractère d'intimité, la toilette de la future devra être fort modeste : robe demi-montante en voile rose ou bleu.

La toilette de la mère sera également très simple; les parents, sœurs, cousines et demoiselles d'honneur s'habilleront à l'unisson.

Lorsque la signature du contrat a lieu à l'étude du notaire, les parents et les témoins sont alors les seuls signataires; en cette circonstance, la toilette de la jeune fille doit être très simple.

Toutes les personnes qui signent au contrat sont tenues de faire un cadeau aux mariés, généralement une pièce d'orfèvrerie, un bronze d'ameublement ou même un meuble.

MARIAGE CIVIL

A Paris et dans les grandes villes, les jours fixés pour le mariage civil, sont : le mardi, le jeudi et le samedi toute la journée.

Les personnes qui désirent se marier un autre jour, doivent en faire la demande.

A Paris, le mariage à la mairie a lieu généralement la veille ou l'avant-veille du mariage religieux. Dans ce cas, la toilette de la jeune fille, ainsi que celle des parents et des témoins, doit avoir un caractère semi-sérieux — une tenue de ville — une mise correcte sans être recherchée est de rigueur. La future choisira de préférence des teintes neutres ou foncées, le futur doit être en redingote noire, cravate noire, gants de Suède. Les parents et les témoins sont habillés de même.

Les fiancés, leur famille et toutes les personnes qui assisteront au mariage de la mairie devront arriver séparément.

Le mariage doit être public et avoir lieu dans la salle de la mairie affectée à ces cérémonies. Il peut être encore célébré chez le maire, mais il faut que non seulement les portes de la pièce où se fait le mariage, mais encore celle de la maison restent grandes ouvertes durant la célébration.

Les familles doivent se placer de là façon suivante, le jeune homme à la droite de sa future, près de celle-ci son père, puis sa mère ensuite ses deux témoins; du côté du fiancé le même ordre est observé, de façon que les deux familles ne soient pas mélangées.

A la demande : « Consentez-vous à prendre

pour femme mademoiselle X..., ici présente ? »

La réponse : « Oui, monsieur, » doit être faite à haute et intelligible voix.

Après avoir fait la même question à la jeune fille et avoir obtenu pareille réponse, l'officier de l'état civil prononce alors la formule : « Au nom de la loi vous êtes unis. »

Vient alors le moment de signer.

Quand la mariée a apposé son nom de demoiselle, elle passe la plume à son mari, qui doit la saluer et lui dire : « Merci, madame. »

Les quatre témoins signent avant les pères et mères.

Il n'est absolument rien dû pour l'accomplissement du mariage civil, toutefois la coutume est de remettre une somme plus ou moins forte pour les pauvres de l'arrondissement.

Les garçons de service ne doivent rien demander, mais il est d'usage de leur donner quelque monnaie blanche. « Bien éviter d'offrir quoi que ce soit aux secrétaires ou employés. »

Comme le maire, ou, à son défaut, l'un de ses adjoints, est prévenu et que lui-même a fixé l'heure précise, il est bon que tout le monde soit présent au moment indiqué.

Il serait fâcheux qu'une des personnes, nécessaires à l'accomplissement du mariage, arrivât en retard..., cela pourrait avoir des conséquences regrettables.

Un certificat de mariage est donné aux conjoints.

Un déjeuner, sans apparat et tout intime, est offert, par les parents de la jeune mariée, aux personnes qui assistent au mariage civil.

MARIAGE RELIGIEUX

A L'ÉGLISE CATHOLIQUE

LE certificat donné par la mairie est indispensable aux nouveaux mariés pour se présenter soit à l'église, soit au temple, ou à la synagogue.

Mais, préalablement, alors que les jeunes gens ne sont encore que fiancés, ils sont tenus de se rendre à l'église de leur paroisse, en général à celle de la future épouse, et de se faire inscrire sur les registres de la sacristie : noms,

5

prénoms, âges, professions, domiciles des futurs et de leurs parents. Après cette déclaration sommaire, les intéressés prennent date pour la cérémonie, qui n'a lieu qu'après la publication des bans, c'est-à-dire dans la semaine qui suit la dernière publication. Celles-ci, au nombre de trois, se font pendant les trois dimanches qui suivent la déclaration des futurs.

Deux actes, l'acte de baptême et le billet de confession sont, avec le certificat délivré à la mairie, les seules pièces nécessaires.

Lorsque les parents vont eux-mêmes à l'église afin de fournir tous les renseignements pour la publication des bans, ce sont eux qui traitent des frais de la cérémonie et choisissent la classe qui leur convient. Un règlement, arrêté par le conseil de fabrique, les fixe à cet égard.

Des dispenses. — Pour les mariages entre parents, jusqu'aux cousins, à quelque degré que ce soit, il est de toute nécessité de se pourvoir d'une dispense. Cette pièce indispensable ne peut émaner que de Monseigneur l'Évêque du diocèse qui, dans certaines circonstances, en réfère à S. S. le Pape.

Les pièces constatant l'obtention de la dispense sont de toute nécessité et aucun mariage religieux ne peut être célébré sans elles.

Puisque nous en sommes au chapitre des dispenses, nous dirons que l'obtention de cette pièce est également nécessaire aux membres de l'Église réformée et à ceux de toute autre religion qui se marient avec des personnes catholiques.

Cette dispense ne peut être accordée qu'à la condition d'un engagement des deux époux d'élever leurs enfants dans la religion catholique; sous cette réserve, les contractants formulent une requête adressée à Monseigneur l'Évêque du diocèse qui, ayant enregistré l'engagement pris par eux, autorise le prêtre à donner la bénédiction nuptiale aux époux.

A L'ÉGLISE PROTESTANTE

Pour la cérémonie religieuse, le pasteur résidant dans le quartier des époux s'entend avec les familles qui lui ont fait une visite à cet effet, et après avoir enregistré les noms et prénoms des conjoints, leur donne sa bénédiction sans exiger d'eux aucune des formalités prescrites par l'Église catholique.

Il suffit qu'une des deux personnes nouvellement mariées soit protestante, on n'exige rien de plus.

A LA SYNAGOGUE

Pour le mariage israélite, les usages sont les mêmes que pour le culte catholique, la seule différence consiste dans le nombre plus ou moins grand de garçons et de demoiselles d'honneur, il est illimité. Ce sont eux qui, à la salle de félicitations, présentent les invités aux nouveaux mariés.

CÉRÉMONIE

RELIGIEUSE

ES frais de la cérémonie religieuse incombent aux parents du marié, ils sont subordonnés au choix de la classe adoptée et notamment des conventions faites avec l'église : ornementation, messe, musique, chant, etc... Pour les autres dépenses telles que le déjeuner ou le dîner, ou simplement le lunch offert après la messe, le bal qui suit si, toutefois, on se conforme encore à cet usage, elles restent aux frais de la famille de la fiancée.

5.

Quant aux dépenses occasionnés par le service des voitures qui vont chercher l'époux au domicile de ses parents et les invités faisant partie du mariage, de même que le bouquet blanc offert à la mariée avant de se rendre à l'église, elles sont à la charge de la famille de l'époux.

L'usage à peu près général est de partager les frais de noce entre les deux familles.

La mariée, accompagnée de son père, monte dans un coupé à un ou deux chevaux dont le front est orné de bouquets de fleurs d'oranger et de plusieurs rubans blancs. Un valet de pied est nécessaire.

La voiture qui suit celle de la mariée contient le marié et ses parents; dans la troisième voiture montent la mère de la mariée, et deux témoins; dans la quatrième, les deux autres témoins et leurs dames; dans la cinquième, garçons et demoiselles d'honneur. Dans les autres voitures se placent les autres invités, beaucoup à leur gré mais toujours aidés du garçon d'honneur qui ne doit reprendre sa place qu'une fois tous les invités en voitures.

Le dernier mot de la mode est de garnir de fleurs blanches le coupé de la mariée.

On ne doit jamais manquer de voitures, le nombre, bien qu'approximativement prévu, peut être insuffisant; donc, il est préférable d'en avoir en plus qu'en moins.

Si la position du marié le permet, c'est dans un coupé neuf qui deviendra celui de sa femme que la mariée se rendra à l'église; dans tous les cas et comme les loueurs ont toujours à la disposition des personnes qui leur en font la demande, des équipages de maître, il est bon en cette circonstance de faire usage de ceux-ci.

La voiture où se trouve la mariée tient la tête et les autres suivent; cela est élémentaire; cependant, pour descendre, tous les invités doivent passer avant la mariée et former la haie sur son passage, afin d'éviter à celle-ci l'attente du cortège qui se reforme immédiatement derrière elle. Dès que la mariée est arrivée, l'église, ouverte à deux battants, fait résonner son orgue, jusqu'au moment où la mariée apparaît au bras de son père et le marié donnant le sien à sa mère ; ils arrivent au pied de l'autel où sont placés des fauteuils.

Le père du marié conduit la mère de la mariée , viennent ensuite le garçon et la demoiselle d'honneur, la sœur ou la belle-sœur de l'épouse ou ses plus proches parents.

Le prie-Dieu de la mariée doit être à gauche de l'église ; c'est de ce côté que tous les membres de la famille sont placés.

Le prie-Dieu du marié est à droite, c'est donc de ce côté que se rangent ses parents et invités.

Nous ne nous étendrons pas à décrire la bénédiction nuptiale ; tout le monde connaît cette admirable solennité. « Rien n'est plus beau qu'un mariage chrétien » a dit un poète, et c'est vrai, aucune cérémonie religieuse ne peut lui être comparée.

Quand la messe est finie, le cortège, précédé du suisse, se dirige vers la sacristie dans l'ordre suivant : la jeune femme donnant le bras au père de son mari, celui-ci offrant le sien à sa belle-mère. Le père de la mariée accompagnant la mère du marié, etc... toujours en intervertis-

sant les membres des deux familles ; les invités
suivent le cortège jusqu'à la sacristie ; là, les
mariés, après avoir signé sur le registre de l'é-
glise, reçoivent leurs invités, la jeune femme
embrasse ses parents et salue en remerciant d'un
mot aimable et d'un sourire gracieux, les personnes qui, par leur empressement à venir, lui
ont manifesté leur amitié, puis le départ s'effec-
tue, l'époux donnant, cette fois, le bras à sa
femme, et la famille dans le même ordre que
pour l'entrée à la sacristie. Le marié et la mariée prennent place dans le coupé.

LUNCH, DINER
BAL

LE cortège accompagne la mariée chez ses parents, où souvent un déjeuner froid est préparé pour attendre le diner à moins qu'on ne fasse un seul repas qui occupe toute l'après-midi. — L'usage du lunch, à Paris, semble prévaloir parce que, tenant lieu des deux repas il cause moins d'embarras, moins de dépenses et laisse plus de liberté.

Le lunch se prend debout, il serait oiseux de désigner les mets de toutes sortes qui garnissent

et ornent la table somptueusement servie ;
viandes froides, pâtés de foie gras, terrines de
gibier, glaces et sorbets sont offerts en cette
circonstance.

Dans le cas où un dîner aurait lieu (il est
généralement servi à sept heures). Les places
de chacun sont désignées par des cartes portant
le nom des personnes qui doivent les occuper.
Le marié et la mariée se placent au milieu de
la table, la mariée ayant à sa gauche son beau-
père et le marié à sa droite sa mère.

Le père et la mère de la mariée sont en face
et offrent les deux places les plus proches aux
personnes qu'ils tiennent le plus à honorer soit
pour leur âge, leur position ou leur degré de
parenté. Les témoins ne doivent pas être trop
éloignés du centre de la table. Quant aux jeunes
gens on les met généralement tous ensemble.
C'est la maîtresse de la maison, c'est-à-dire, la
mère de la mariée qui désigne les places et doit
apporter à cette tâche tout le tact possible.

S'il y a bal, — les invités qui n'auraient pas
assisté au dîner, doivent arriver après dix
heures. — La mariée réserve la première danse

à son mari puis comme c'est elle qui fait ses invitations elle choisit la personne qu'elle désire le plus honorer et qui est généralement le plus proche parent de son mari.

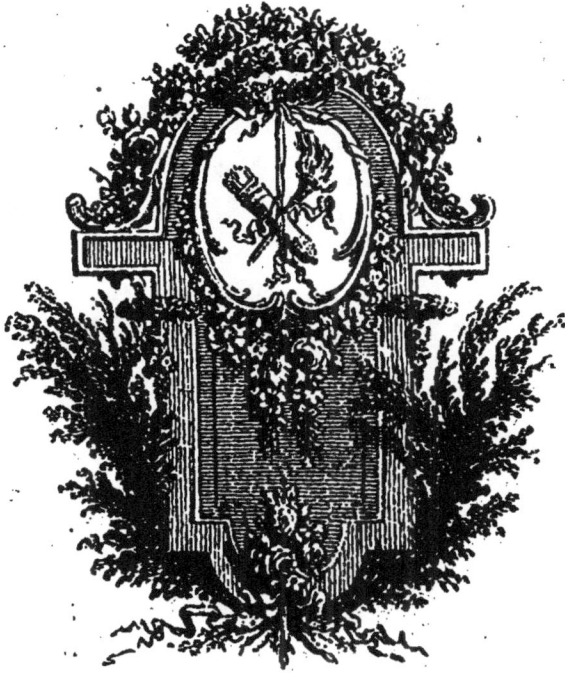

DÉPART

DES MARIÉS

Le départ des nouveaux époux ne doit éveiller aucune attention et doit s'effectuer le plus discrètement possible, soit après le dîner, s'il n'y a pas de bal, soit pendant le bal et de façon à ce que nul ne s'en aperçoive.

Les visites de noces ne se font qu'un mois après le mariage et seulement aux personnes avec lesquelles les nouveaux mariés désirent conserver des relations.

Les amis ou parents doivent répondre à ces visites par une invitation à dîner : c'est une obligation qu'ils ont contractée en acceptant les politesses qui leur ont été faites à l'occasion du mariage.

TABLE
DES MATIÈRES

Maison de la Gerbe d'Or

80, rue de Rivoli et rue Saint-Martin, 14

(En face la Tour Saint-Jacques)

〜〜〜

Joaillerie

Bracelets

Boucles d'Oreilles, Roses et Brillants

Bagues et Chevalières

Colliers

Médaillons, Broches et Croix

Parures et Demi-Parures

Boutons de Chemises

Épingles, Cravates

Grand choix de Boucles d'Oreilles et Bagues

Entourages Roses et Brillants

Etc., etc.

〜〜〜

Toutes les Pierres vendues par la Maison
étant de *Premier choix* sont garanties *sans défaut.*

Tous les Articles sont vendus à PRIX FIXE et entièrement de confiance.

Maison de la Gerbe d'Or

83, rue de Rivoli et rue Saint-Martin, 14
(En face la Tour Saint-Jacques)

Bijouterie

Bracelets et Porte-Bonheur
Bracelets, Gourmettes en tous genres
Colliers et Chaînes de cou
Médaillons et Broches dentelle
Bagues et Chevalières
Boutons de Chemises et de Manchettes
Épingles de Cravates
Boucles d'Oreilles
Pendants et Brisures en Perles fines
Avec Pierres et tout Or
Broches, Portraits
Camées durs en Broches et Brisures
Alliances et Pièces Mariage
Demi-Parures et Parures complètes
Pour Corbeilles de Mariage
Etc., etc.

Bracelets et Porte-Bonheur Argent
Bijoux de Deuil

Tous les Articles sont vendus à PRIX FIXE et entièrement de confiance.

Maison de la Gerbe d'Or

86, rue de Rivoli et rue Saint-Martin, 14
(En face la Tour Saint-Jacques)

✦ Orfèvrerie Argent ✦

COUVERTS DE TABLE ET DESSERT

Services à Café	Cuillers à Potage
Services à Thé	— Ragoût
Pelles à Sel	— Sauce
Et Cuillers à Moutarde	— Compote
Manches à Gigot	— Sucre
Coquetiers et Cuillers à Œufs	— Fraises
Cuillers à Bouillie	— Fruits
Couteaux à Fromage	— Glace
Services Hors-d'œuvre	Fourchettes à Huîtres
Services à Dépecer et Salade	et
Services à Poisson	Escargots

Cafetières, Théières, Sucriers, Pots à Crème
Huiliers, Salières et Moutardiers
Tasses à Déjeuner, à Café et à Thé
Timbales droites, de formes variées et à pieds
Beurriers et Cloches à Fromage
Plats ronds et ovales, à Gratin, à Œufs, etc.

COUTELLERIE DE TABLE

Lames argent et acier, Manches argent, nacre et ivoire
Ronds de Serviettes, etc., etc.

TASSES A VIN AU MARTEAU

Tous les Articles sont vendus à PRIX FIXE et entièrement de confiance.

MAISON DE LA GERBE D'OR

86, rue de Rivoli et rue Saint-Martin, 14

(En face la Tour Saint-Jacques)

— ✦ —

Pendules

Garnitures de Cheminées
Bronze doré
Bronze poli
Marbre et Bronze
Régulateurs
Groupes et Statuettes
Coupes, Candélabres et Flambeaux
Porte-Bouquets
Cartels bronze poli et doré
Cadres bois et Œils-de-Bœuf
Réveils

~~~~~~~~~~

Orfèvrerie Métal blanc argenté

La Maison ne vend que le 1er titre d'argenture

ET SEULEMENT SUR MÉTAL BLANC

POUR COUVERTS, TIMBALES, ETC.

MODÈLES POUR PENSIONS

ÉVREUX, IMPRIMERIE DE CHARLES HÉRISSEY

ÉVREUX

CHARLES HÉRISSEY

IMPRIMEUR

www.ingramcontent.com/pod-product-compliance
Lightning Source LLC
Chambersburg PA
CBHW070912280326
41934CB00008B/1690